Impressum
Verlag: BABADADA GmbH, Nedderfeld 112 , 22529 Hamburg
Geschäftsführer / Verlagsleitung: Harald Hof
Druck: Books on Demand GmbH, In de Tarpen 42, 22848 Norderstedt

Imprint
Publisher: BABADADA GmbH, Nedderfeld 112 , 22529 Hamburg, Germany
Managing Director / Publishing direction: Harald Hof
Print: Books on Demand GmbH, In de Tarpen 42, 22848 Norderstedt, Germany

escola

Šola

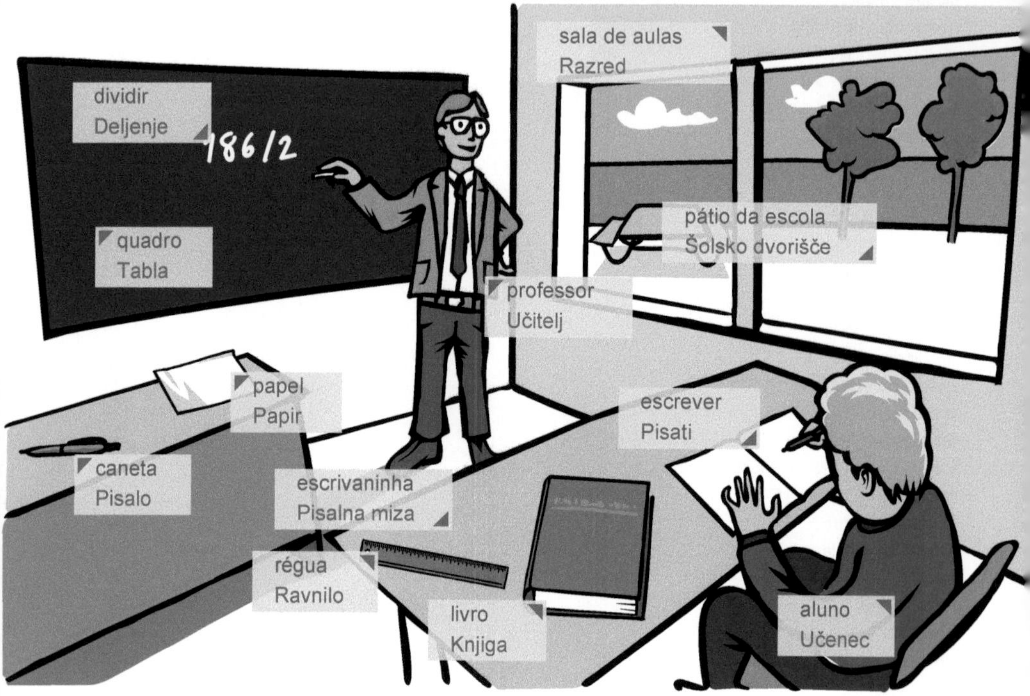

sala de aulas
Razred
dividir
Deljenje
186/2
quadro
Tabla
pátio da escola
Šolsko dvorišče
professor
Učitelj
papel
Papir
escrever
Pisati
caneta
Pisalo
escrivaninha
Pisalna miza
régua
Ravnilo
livro
Knjiga
aluno
Učenec

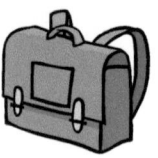

sacola

Šolska torba

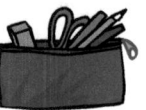

estojo de lápis

Peresnica

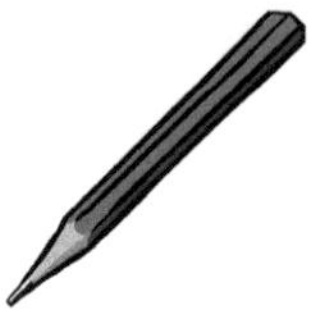

lápis

Svinčnik

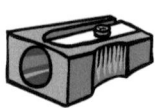

apontador de lápis

Šilček

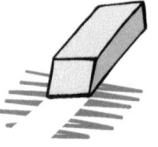

borracha

Radirka

bloco de desenho

Risalni blok

desenho

Risba

pincel

Čopič

estojo de tintas

Vodene barvice

tesoura

Škarje

cola

Lepilo

livro de exercícios

Zvezek

lição de casa

Domača naloga

número

Število

2+2

somar

Seštevanje

subtrair

Odštevanje

multiplicar

Množenje

calcular

Računanje

letra

Črka

ABCDEFG
HIJKLMN
OPQRSTU
VWXYZ

alfabeto

Abeceda

palavra

Beseda

texto
....
Besedilo

ler
....
Brati

giz
....
Kreda

hora
....
Učna ura

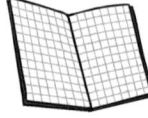

registro da classe
....
Redovalnica

exame
....
Preizkus znanja

certificado
....
Spričevalo

uniforme escolar
....
Šolska uniforma

educação
....
Izobrazba

enciclopédia
....
Enciklopedija

universidade
....
Univerza

microscópio
....
Mikroskop

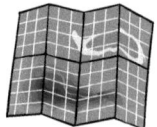

mapa
....
Zemljevid

cesto de lixo
....
Koš za smeti

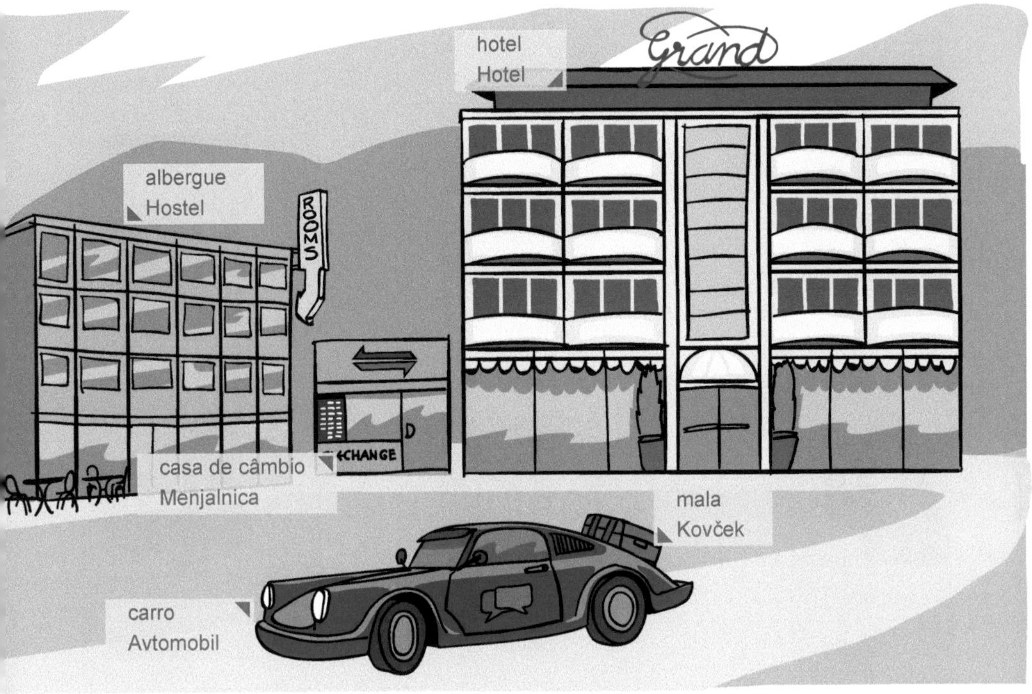

hotel
Hotel
Grand
albergue
Hostel
ROOMS
EXCHANGE
casa de câmbio
Menjalnica
mala
Kovček
carro
Avtomobil

idioma

Jezik

sim / não

da / ne

ok

Prav

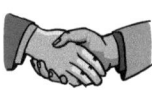

Olá

Pozdravljeni

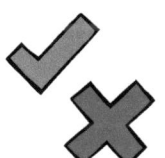

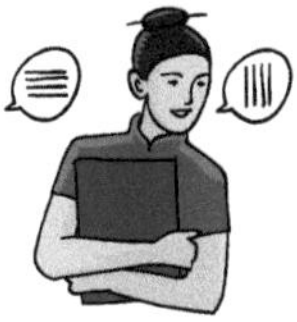

tradutor

Prevajalec

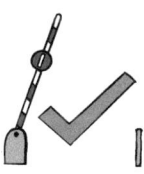

obrigado

Hvala

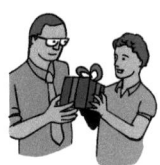

quanto custa...?

Koliko stane...?

eu não entendo

Ne razumem

problema

Težava

boa noite!

Dober večer!

Bom dia!

Dobro jutro!

Boa noite!

Lahko noč!

até logo

Nasvidenje

direção

Smer

bagagem

Prtljaga

bolsa

Torba

mochila

Nahrbtnik

convidado

Gost

quarto

Soba

saco de dormir

Spalna vreča

barraca

Šotor

informação turística

Turistične informacije

praia

Plaža

cartão de crédito

Kreditna kartica

café da manhã

Zajtrk

almoço

Kosilo

jantar

Večerja

bilhete

Vozovnica

elevador

Dvigalo

selo

Znamka

fronteira

Meja

alfândega

Carina

embaixada

Veleposlaništvo

visto

Vizum

passaporte

Potni list

transporte
Prevoz

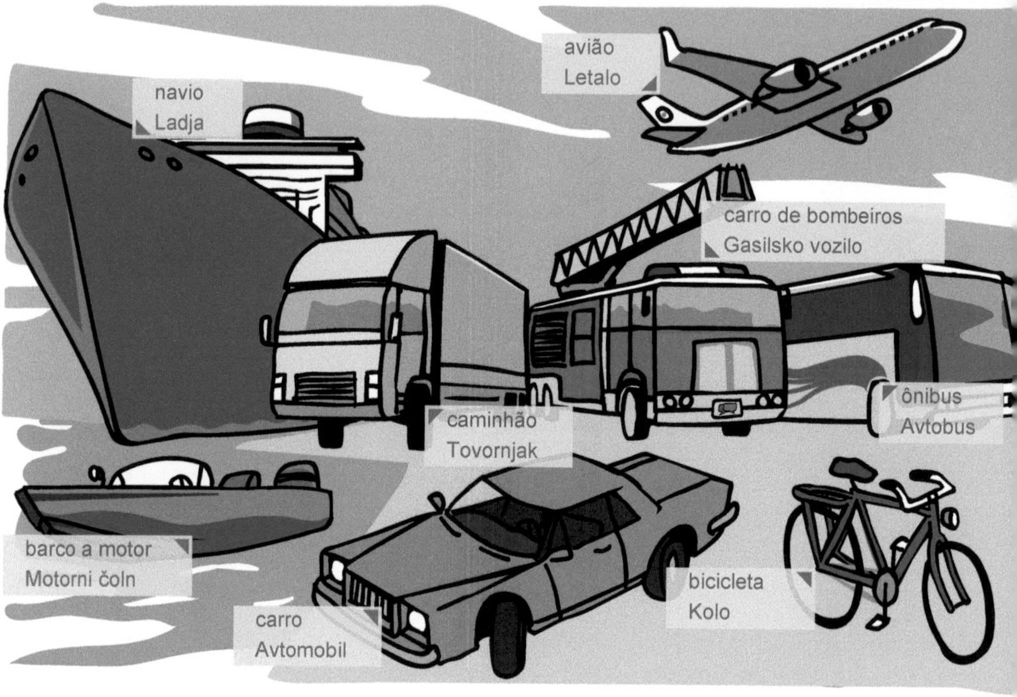
avião
Letalo
navio
Ladja
carro de bombeiros
Gasilsko vozilo
ônibus
Avtobus
caminhão
Tovornjak
barco a motor
Motorni čoln
bicicleta
Kolo
carro
Avtomobil

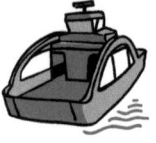

balsa

Trajekt

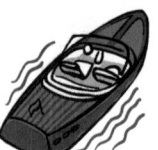

barco

Čoln

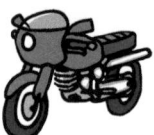

motocicleta

Motorno kolo

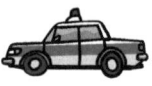

veículo policial

Policijski avto

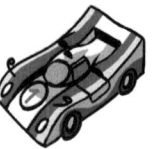

carro de corrida

Dirkalni avto

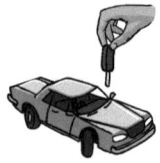

carro de aluguel

Najeto vozilo

compartilhamento de automóvel

Souporaba avtomobila

caminhão de reboque

Avtovleka

caminhão de lixo

Smetarsko vozilo

motor

Motor

combustível

Gorivo

posto de gasolina

Bencinska postaja

placa de trânsito

Prometni znak

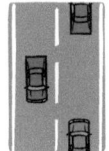

trânsito

Promet

trânsito lento

Zastoj

estacionamento

Parkirišče

estação de trem

Železniška postaja

trilhos

Tirnice

trem

Vlak

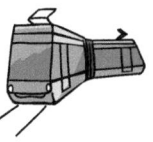

bonde

Tramvaj

vagão

Vagon

helicóptero

Helikopter

aeroporto

Letališče

torre

Stolp

passageiro

Potnik

contêiner

Kontejner

cartolina

Karton

carroça

Voziček

cesto

Košara

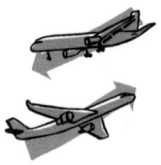

decolar / pousar

vzleteti / pristati

cidade

Mesto

vilarejo

Vas

centro da cidade

Mestno jedro

casa

Hiša

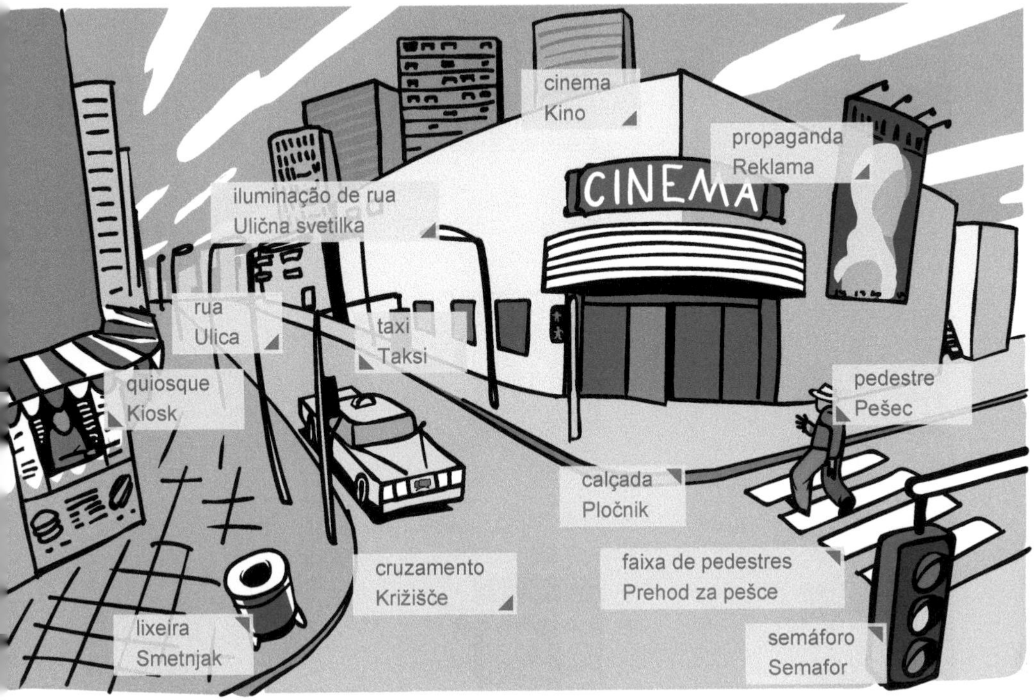

cinema
Kino

propaganda
Reklama

iluminação de rua
Ulična svetilka

CINEMA

rua
Ulica

taxi
Taksi

pedestre
Pešec

quiosque
Kiosk

calçada
Pločnik

cruzamento
Križišče

faixa de pedestres
Prehod za pešce

lixeira
Smetnjak

semáforo
Semafor

cabana

Koča

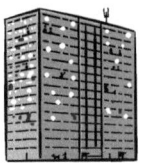

apartamento

Stanovanje

estação de trem

Železniška postaja

prefeitura

Mestna hiša

museu

Muzej

escola

Šola

cidade - Mesto

universidade

Univerza

banco

Banka

hospital

Bolnišnica

hotel

Hotel

farmácia

Lekarna

escritório

Pisarna

livraria

Knjigarna

loja

Trgovina

floricultura

Cvetličarna

supermercado

Supermarket

mercado

Tržnica

loja de departamentos

Veleblagovnica

peixaria

Ribarnica

centro comercial

Nakupovalno središče

porto

Pristanišče

parque
Park

banco
Klop

ponte
Most

escadas
Stopnice

metrô
Podzemna železnica

túnel
Predor

ponto de ônibus
Avtobusno postajališče

bar
Bar

restaurante
Restavracija

caixa de correspondência
Poštni nabiralnik

placa de rua
Ulična tabla

parquímetro
Parkirna ura

zoológico
Živalski vrt

piscina
Kopališče

mesquita
Mošeja

fazenda
Kmetija

poluição
Onesnaževanje

cemitério
Pokopališče

igreja
Cerkev

parquinho
Otroško igrišče

templo
Tempelj

paisagem
Pokrajina

folha
List

placa de sinalização
Kažipot

caminho
Pot

gramado
Travnik

pedra
Kamen

árvore
Drevo

caminhantes
Pohodnik

rio
Reka

grama
Trava

flor
Cvetlica

vale
Dolina

montanha
Hrib

lago
Jezero

floresta
Gozd

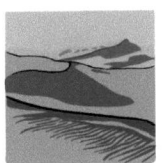

deserto
Puščava

vulcão
Vulkan

castelo
Grad

arco-íris
Mavrica

cogumelo
Goba

palmeira
Palma

mosquito
Komar

mosca
Muha

formiga
Mravlja

abelha
Čebela

aranha
Pajek

besouro

Hrošč

sapo

Žaba

esquilo

Veverica

ouriço

Jež

lebre

Zajec

coruja

Sova

pássaro

Ptič

cisne

Labod

javali

Divji prašič

veado

Jelen

alce

Los

barragem

Jez

aerogerador

Vetrnica

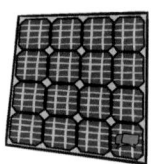

painel solar

Solarna plošča

clima

Podnebje

restaurante
Restavracija

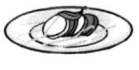

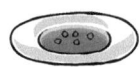

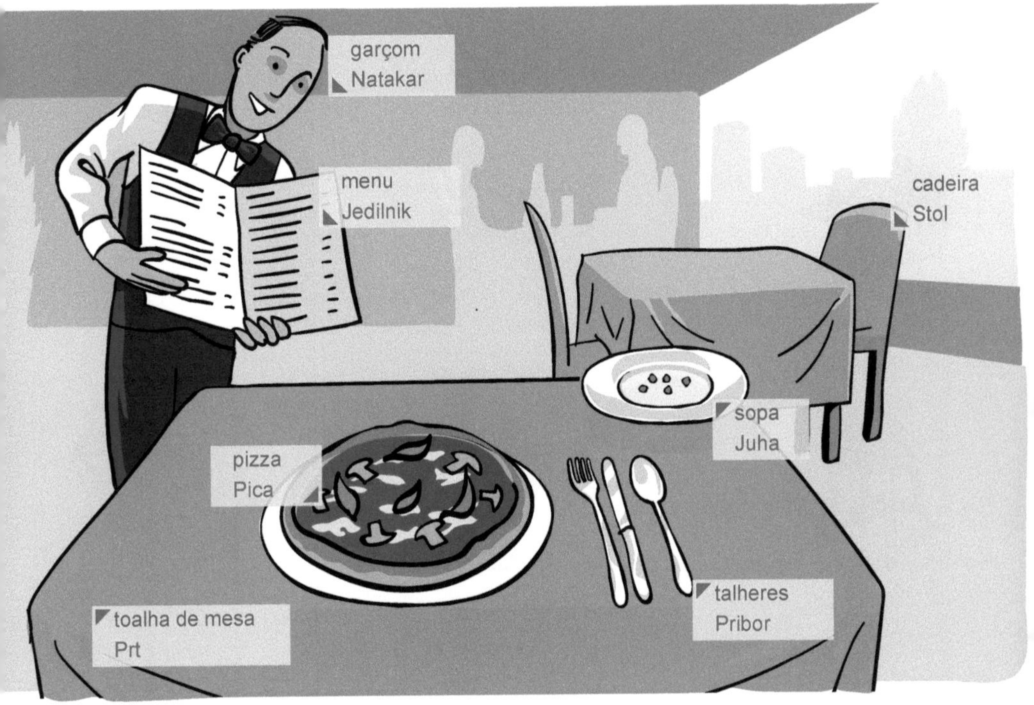
garçom
Natakar
menu
Jedilnik
cadeira
Stol
sopa
Juha
pizza
Pica
talheres
Pribor
toalha de mesa
Prt

entrada

Predjed

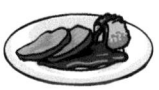

prato principal

Glavna jed

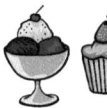

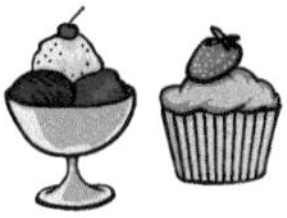

sobremesa

Sladica

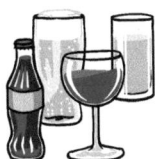

bebidas

Pijače

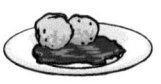

comida

Hrana

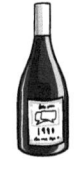

garrafa

Steklenica

fastfood

Hitra hrana

comida de rua

Ulična hrana

bule de chá

Čajnik

açucareiro

Sladkornica

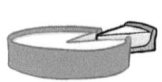

porção

Porcija

máquina de expresso

Aparat za espresso

cadeirão

Stolček za hranjenje

conta

Račun

bandeja

Pladenj

faca

Nož

garfo

Vilica

colher

Žlica

colher de chá

Čajna žlička

guardanapo

Servieta

copo

Kozarec

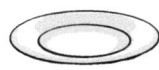		
prato	prato de sopa	pires
Krožnik	Globoki krožnik	Krožniček

	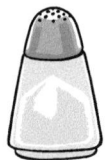	
molho	saleiro	moedor de pimenta
Omaka	Solnica	Mlinček za poper

		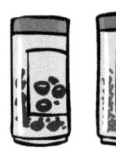
vinagre	óleo	especiarias
Kis	Olje	Začimbe

ketchup	mostarda	maionese
Kečap	Gorčica	Majoneza

supermercado
Supermarket

oferta especial
Posebna ponudba
FOR
cliente
Stranka
laticínios
Mlečni izdelki
frutas
Sadje
carrinho de compras
Nakupovalni voziček

BUTCHERS

açougue

Mesnica

BAKERY

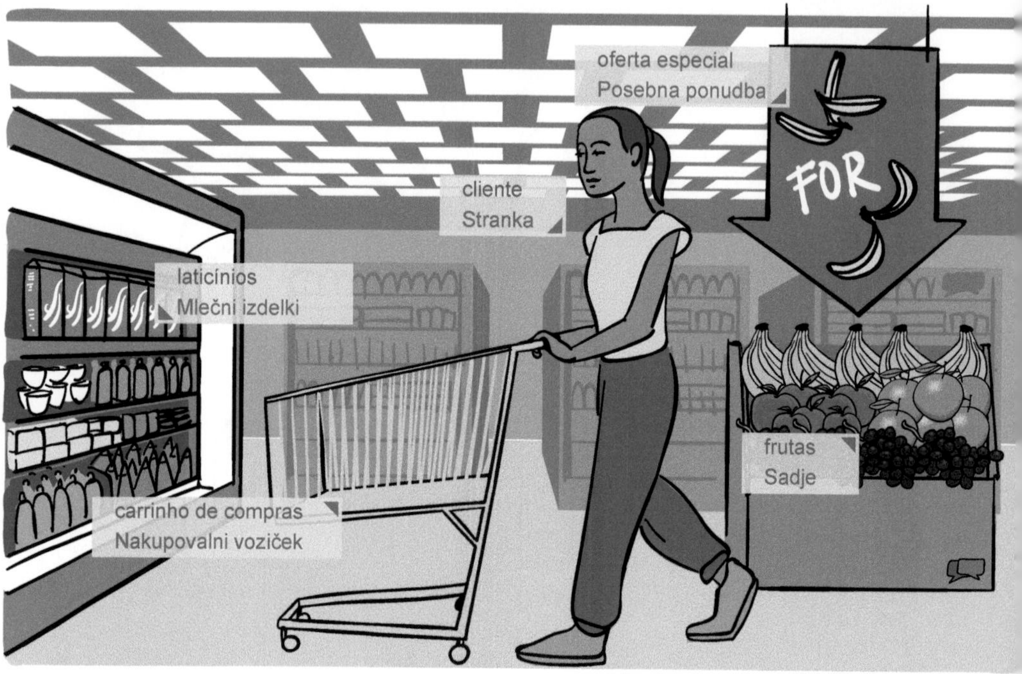

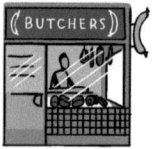

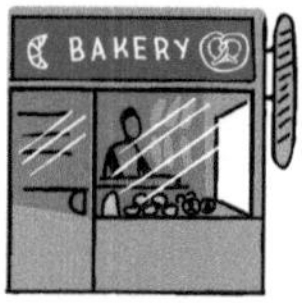

padaria

Pekarna

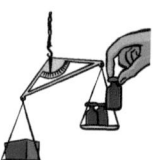

pesar

Tehtati

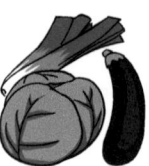

legumes

Zelenjava

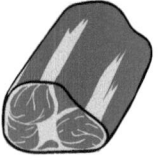

carne

Meso

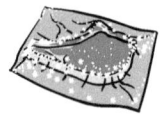

congelados

Zamrznjena hrana

charcutaria

Hladne mesnine

conservas

Konzerve

detergente em pó

Pralni prašek

doces

Sladkarije

artigos domésticos

Gospodinjski izdelki

produtos de limpeza

Čistilno sredstvo

vendedora

Prodajalka

caixa

Blagajna

caixa

Blagajnik

lista de compras

Nakupovalni seznam

horário de funcionamento

Delovni čas

carteira

Denarnica

cartão de crédito

Kreditna kartica

sacola

Torba

saco plástico

Plastična vrečka

água
....
Voda

suco
....
Sok

leite
....
Mleko

coca-cola
....
Kola

vinho
....
Vino

cerveja
....
Pivo

álcool
....
Alkohol

cacau
....
Kakav

chá
....
Čaj

café
....
Kava

expresso
....
Espresso

cappuccino
....
Kapučino

banana
....
Banana

maçã
....
Jabolko

laranja
....
Pomaranča

melão
....
Lubenica

limão
....
Limona

cenoura
....
Korenje

alho
....
Česen

bambu
....
Bambus

cebola
....
Čebula

cogumelo
....
Goba

nozes
....
Oreščki

macarrão
....
Rezanci

espaguete

Špageti

arroz

Riž

salada

Solata

batatas fritas

Ocvrt krompirček

batatas frias

Pečen krompir

pizza

Pica

hambúrger

Hamburger

sanduíche

Sendvič

escalope

Zrezek

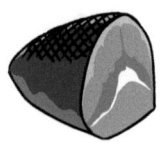

presunto

Šunka

salame

Salama

salsicha

Klobasa

galinha

Piščanec

assado

Pečenka

peixe

Riba

flocos de aveia

Ovseni kosmiči

granola

Musli

flocos de milho

Koruzni kosmiči

farinha

Moka

croissant

Rogljiček

pãozinho

Žemlja

pão

Kruh

torrada

Prepečenec

biscoitos

Piškoti

manteiga

Maslo

requeijão

Skuta

bolo

Torta

ovo

Jajce

ovo frito

Pečeno jajce na oko

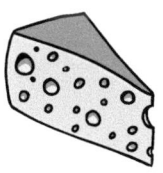

queijo

Sir

sorvete

Sladoled

açúcar

Sladkor

mel

Med

geleia

Marmelada

creme de avelãs

Čokoladni namaz

curry

Kari

fazenda
Kmetija

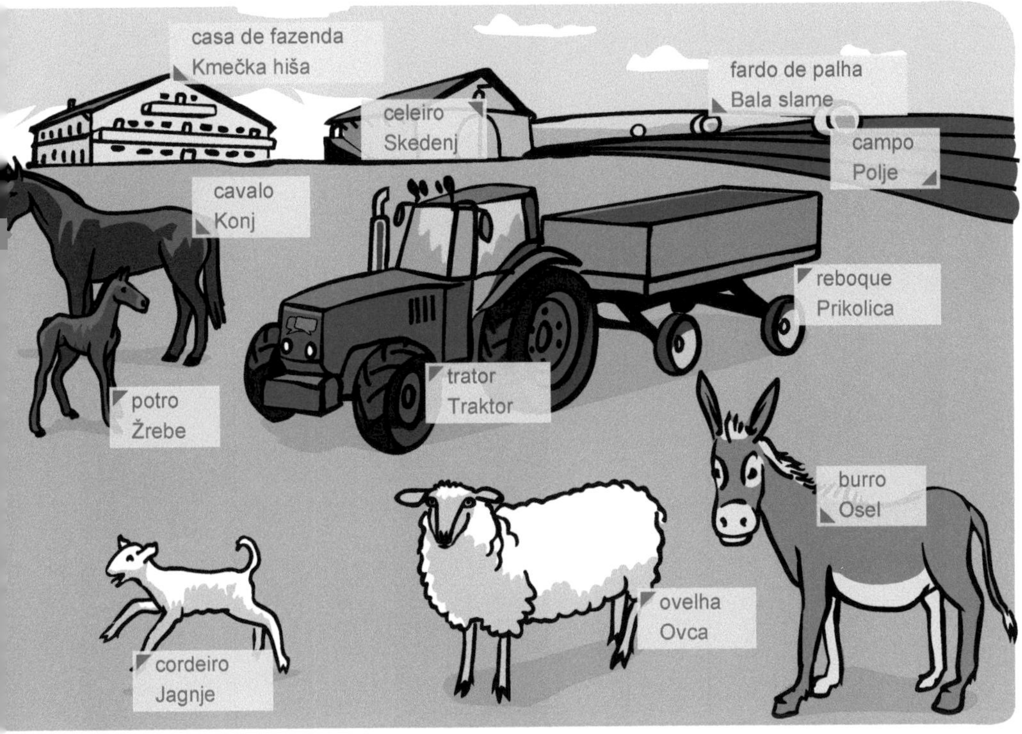

casa de fazenda
Kmečka hiša
celeiro
Skedenj
fardo de palha
Bala slame
campo
Polje
cavalo
Konj
reboque
Prikolica
trator
Traktor
potro
Žrebe
burro
Osel
ovelha
Ovca
cordeiro
Jagnje

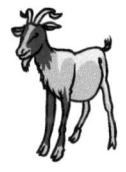

cabra

Koza

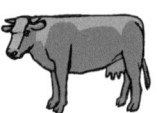

vaca

Krava

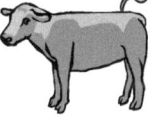

bezerro

Tele

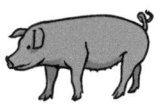

porco

Prašič

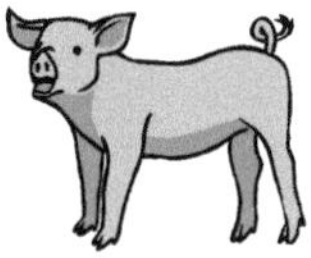

leitão

Pujsek

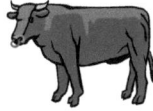

touro

Bik

ganso
Gos

pato
Raca

pintinho
Piščanec

galinha
Kokoš

galo
Petelin

ratazana
Podgana

gato
Mačka

camundongo
Miš

boi
Vol

cachorro
Pes

casinha do cachorro
Pasja uta

mangueira de jardim
Cev za zalivanje

regador
Kangla za zalivanje

foice
Kosa

arado
Plug

foice
Srp

enxada
Motika

forquilha
Vile

machado
Sekira

carrinho de mão
Samokolnica

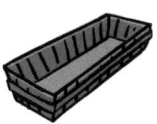

manjedoura
Korito

jarra de leite
Kangla za mleko

saco
Vreča

cerca
Ograja

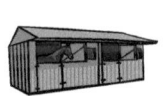

estábulo
Hlev

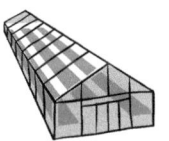

estufa
Rastlinjak

solo
Prst

semente
Seme

fertilizante
Gnojilo

colheitadeira
Kombajn

colher

Žeti

colheita

Žetev

inhame

Jam

trigo

Pšenica

soja

Soja

batata

Krompir

milho

Koruza

colza

Oljna ogrščica

árvore frutífera

Sadno drevo

mandioca

Maniok

cereais

Žito

casa
Hiša

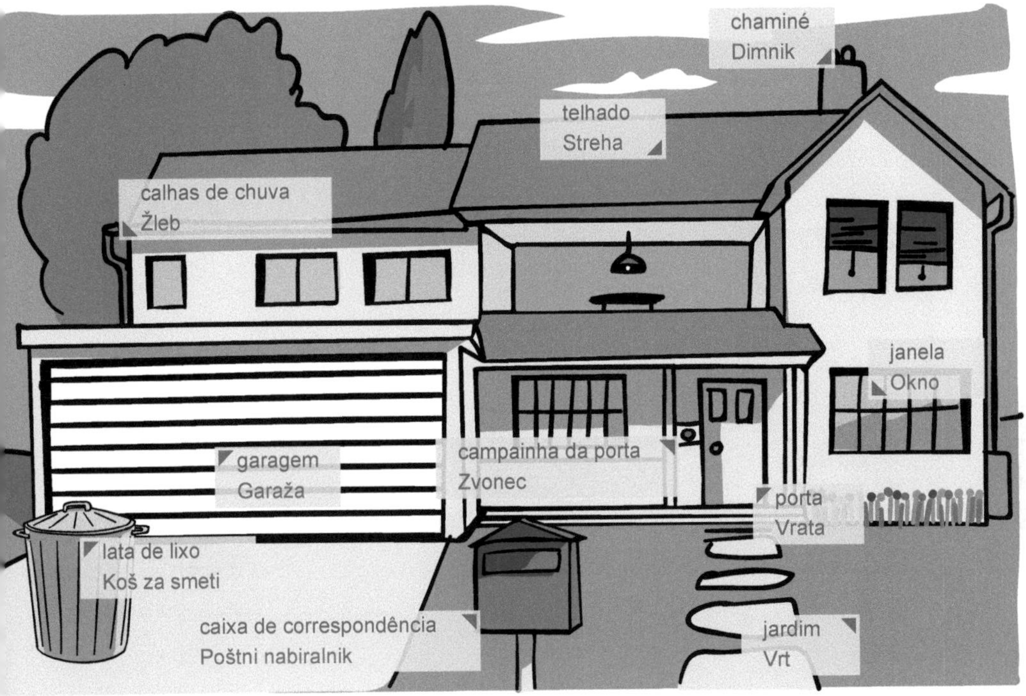
chaminé
Dimnik
telhado
Streha
calhas de chuva
Žleb
janela
Okno
garagem
Garaža
campainha da porta
Zvonec
porta
Vrata
lata de lixo
Koš za smeti
caixa de correspondência
Poštni nabiralnik
jardim
Vrt

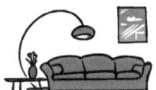

sala de estar

Dnevna soba

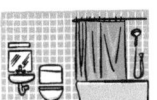

banheiro

Kopalnica

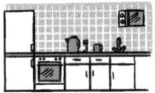

cozinha

Kuhinja

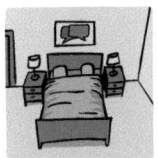

quarto de dormir

Spalnica

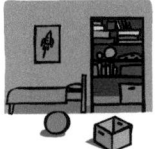

quarto de criança

Otroška soba

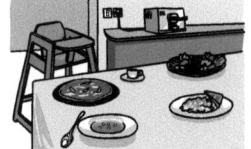

sala de jantar

Jedilnica

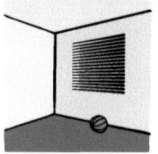

chão
Tla

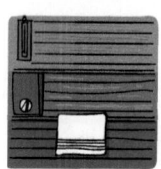

parede
Stena

teto
Strop

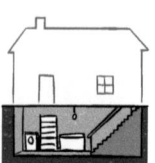

porão
Klet

sauna
Savna

varanda
Balkon

terraço
Terasa

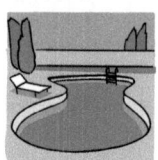

piscina
Bazen

cortador de grama
Kosilnica

lençol
Rjuha

coberta
Posteljno pregrinjalo

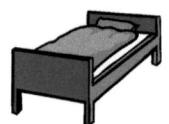

cama
Postelja

vassoura
Metla

balde
Vedro

interruptor
Stikalo

sala de estar
Dnevna soba

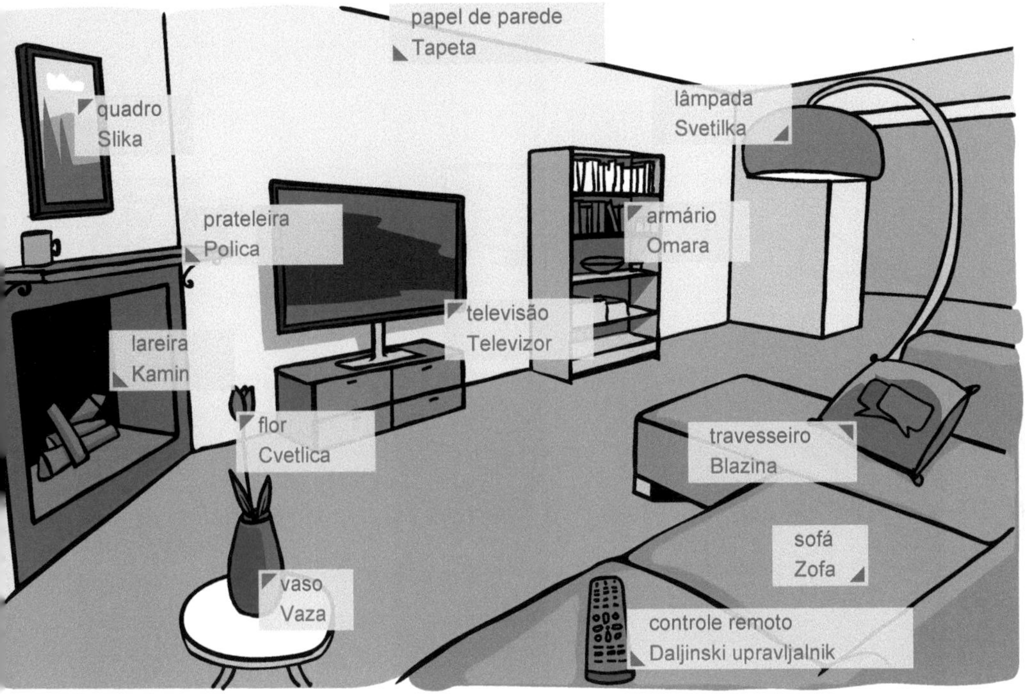

papel de parede
Tapeta
quadro
Slika
lâmpada
Svetilka
prateleira
Polica
armário
Omara
televisão
Televizor
lareira
Kamin
flor
Cvetlica
travesseiro
Blazina
sofá
Zofa
vaso
Vaza
controle remoto
Daljinski upravljalnik

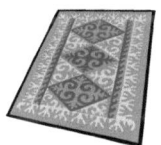

tapete
Preproga

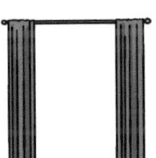

cortina
Zavesa

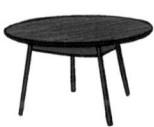

mesa
Miza

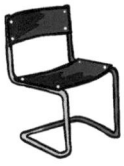

cadeira
Stol

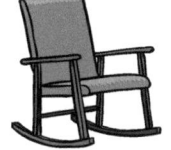

cadeira de balanço
Gugalnik

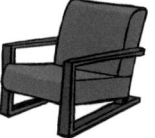

poltrona
Naslanjač

livro

Knjiga

cobertor

Odeja

decoração

Dekoracija

lenha

Drva

filme

Film

equipamento de som

Glasbeni stolp

chave

Ključ

jornal

Časopis

pintura

Slika

pôster

Plakat

rádio

Radio

bloco de notas

Beležka

aspirador

Sesalnik

cacto

Kaktus

vela

Sveča

cozinha
Kuhinja

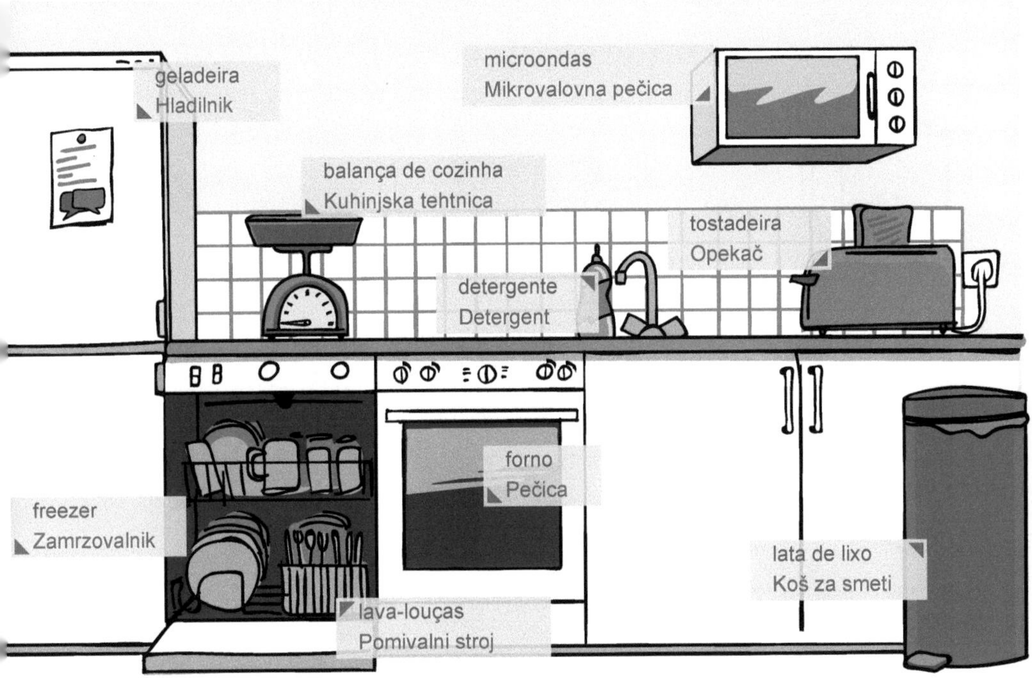
geladeira
Hladilnik
microondas
Mikrovalovna pečica
balança de cozinha
Kuhinjska tehtnica
tostadeira
Opekač
detergente
Detergent
forno
Pečica
freezer
Zamrzovalnik
lata de lixo
Koš za smeti
lava-louças
Pomivalni stroj

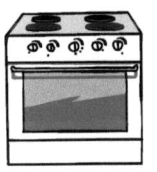

fogão

Kozica

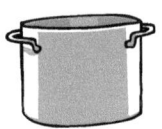

panela

Lonec

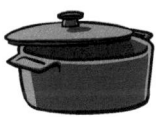

panela de ferro

Litoželezni lonec

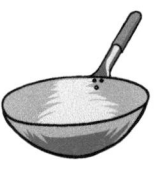

wok / kadai

Vok / kadai

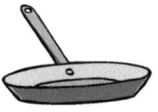

frigideira

Ponev

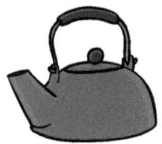

chaleira

Kotliček

panela a vapor

Parni kuhalnik

tabuleiro de forno

Pekač

louça

Posoda

caneca

Skodelica

caçarola

Skleda

hashi

Jedilne paličice

concha de sopa

Zajemalka

espátula

Lopatica

batedor

Metlica

escorredor

Cedilnik

peneira

Cedilo

ralador

Strgalo

almofariz

Možnar

churrasqueira

Žar

lareira

Ognjišče

tábua de cortar

Deska za rezanje

rolo da massa

Valjar

saca-rolhas

Odpirač za steklenice

lata

Pločevinka

abridor de latas

Odpirač za konzerve

pegador de panela

Prijemalka za posodo

pia

Korito

escova

Ščetka

esponja

Goba

liquidificador

Mešalnik

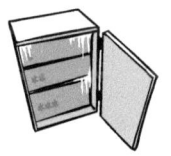

congelador

Zamrzovalna skrinja

mamadeira

Steklenička

torneira

Pipa

aquecimento
Ogrevanje

ducha
Prha

toalha
Brisača

cortina de chuveiro
Zavesa za prho

banho de espuma
Peneča kopel

banheira
Kopalna kad

copo
Kozarec

lava-roupa
Pralni stroj

torneira
Pipa

azulejos
Ploščice

penico
Kahlica

pia
Korito

vaso sanitário

Stranišče

lavabo de agachar

Stranišče na počep

bidê

Bide

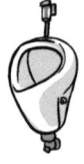

mictório

Pisoar

papel higiênico

Toaletni papir

escova de privada

Ščetka za straniščno školjko

escova de dentes

Zobna ščetka

pasta de dentes

Zobna pasta

fio dental

Zobna nitka

lavar

Umiti se

ducha de mão

Ročna prha

ducha íntima

Prha za intimne dele

bacia

Umivalnik

escova para as costas

Krtača za hrbet

sabonete

Milo

gel de banho

Gel za prhanje

xampu

Šampon

toalha de rosto

Krpica za miljenje

escoamento

Odtok

creme

Krema

desodorante

Deodorant

espelho

Ogledalo

espelho de mão

Ročno ogledalo

barbeador

Britvica

espuma de barbear

Pena za britje

loção pós-barba

Vodica po britju

pente

Glavnik

escova

Ščetka

secador de cabelo

Sušilnik za lase

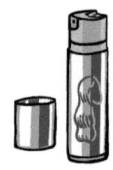

spray de cabelo

Lak za lase

maquiagem

Ličila

batom

Šminka

esmalte de unhas

Lak za nohte

algodão

Vatirane blazinice

tesoura para unhas

Škarjice za nohte

perfume

Parfum

nécessaire

Toaletna torbica

banquinho

Stol brez naslonjala

balança

Osebna tehtnica

roupão de banho

Kopalni plašč

luvas de borracha

Gumijaste rokavice

absorvente interno

Tampon

absorvente íntimo

Damski vložki

banheiro químico

Kemično stranišče

quarto de criança
Otroška soba

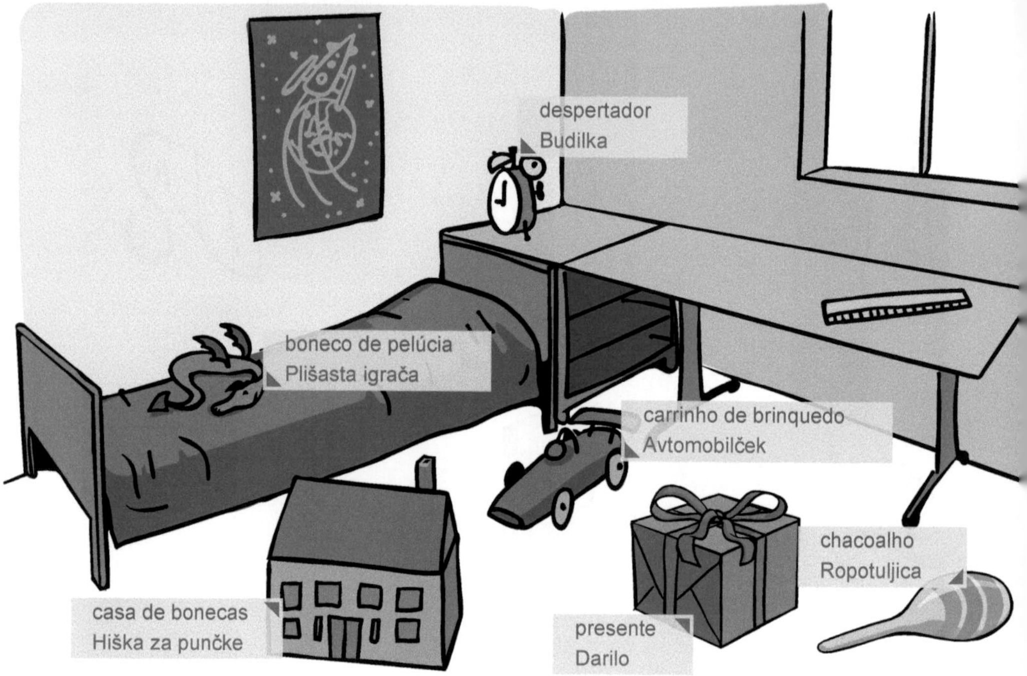
despertador
Budilka
boneco de pelúcia
Plišasta igrača
carrinho de brinquedo
Avtomobilček
chacoalho
Ropotuljica
casa de bonecas
Hiška za punčke
presente
Darilo

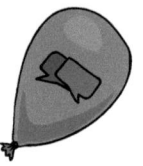

balão

Balon

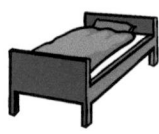

cama

Postelja

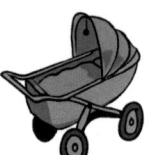

carrinho de bebê

Otroški voziček

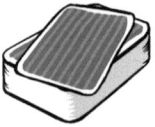

jogo de cartas

Igralne karte

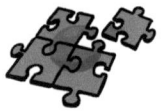

quebra-cabeças

Sestavljanka

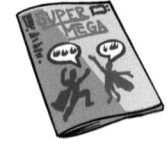

revista de quadrinhos

Strip

peças de Lego

Lego kocke

blocos de construção

Igralne kocke

figura de ação

Akcijska figura

macaquinho de bebê

Bodi

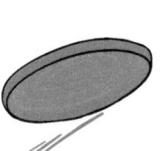

frisbee

Frizbi

móbile para bebé

Vrtiljak za posteljico

jogo de tabuleiro

Namizna igra

dados

Kocka

trenzinho elétrico

Komplet modelov vlakov

chupeta

Duda

festa

Zabava

livro ilustrado

Slikanica

bola

Žoga

boneca

Lutka

brincar

Igrati se

caixa de areia

Peskovnik

balanço

Gugalnica

brinquedos

Igrače

videogame

Igralna konzola

triciclo

Tricikel

ursinho de pelúcia

Plišasti medvedek

guarda-roupa

Garderoba

vestuário

Oblačilo

meias

Nogavice

meias pelo joelho

Samostoječe nogavice

meias-calças

Hlačne nogavice

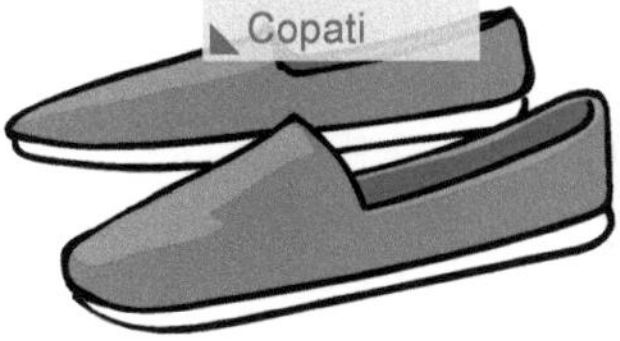

cachecol
Šal

guarda-chuva
Dežnik

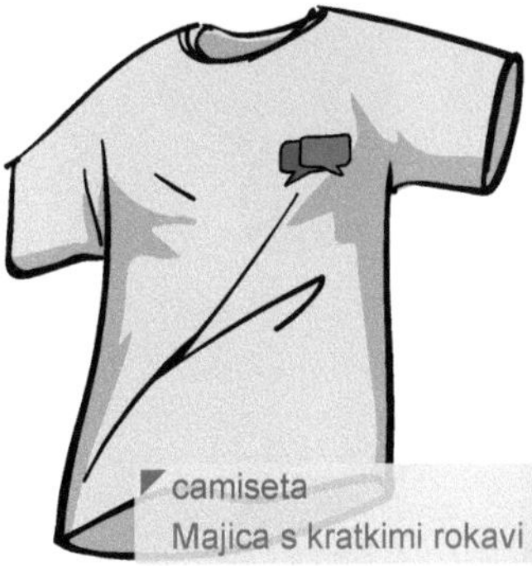

camiseta
Majica s kratkimi rokavi

cinto
Pas

botas
Škornji

chinelos
Copati

tênis
Športni copati

sandálias
Sandali

sapatos
Čevlji

botas de borracha
Gumijasti škornji

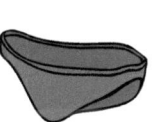

roupa de baixo
Spodnje hlače

sutiã
Modrček

camiseta de baixo
Telovnik

body
....
Bodi

calças
....
Hlače

jeans
....
Kavbojke

saia
....
Krilo

blusa
....
Bluza

camisa
....
Srajca

pulôver
....
Pulover

suéter com capuz
....
Pletena jopica

blazer
....
Jopa

jaqueta
....
Jakna

casaco
....
Plašč

gabardine
....
Dežni plašč

traje
....
Kostim

vestido
....
Obleka

vestido de casamento
....
Poročna obleka

terno

Obleka

camisola

Spalna srajca

pijama

Pižama

sari

Sari

lenço de cabeça

Naglavna ruta

turbante

Turban

burca

Burka

cafetã

Kaftan

abaya

Abaja

maiô

Kopalke

sunga

Kopalne hlače

shorts

Kratke hlače

roupa de treino

Trenirka

avental

Predpasnik

luvas

Rokavice

botão

Gumb

óculos

Očala

pulseira

Zapestnica

colar

Verižica

anel

Prstan

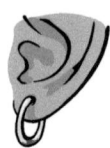

brinco

Uhan

boné

Kapa

cabide

Obešalnik

chapéu

Klobuk

gravata

Kravata

zíper

Zadrga

capacete

Čelada

suspensórios

Naramnice

uniforme escolar

Šolska uniforma

uniforme

Uniforma

babador
Slinček

chupeta
Duda

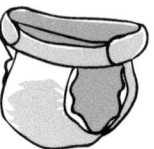

fralda
Plenica

escritório
Pisarna

servidor
Strežnik

armário de arquivos
Kartotečna omara

impressora
Tiskalnik

monitor
Monitor

papel
Papir

escrivaninha
Pisalna miza

mouse
Miška

pasta
Mapa

teclado
Tipkovnica

cesto de lixo
Koš za smeti

computador
Računalnik

cadeira
Stol

xícara de café
Lonček za kavo

calculadora
Kalkulator

internet
Internet

laptop

Prenosnik

carta

Pismo

mensagem

Sporočilo

celular

Mobilnik

rede

Omrežje

copiadora

Kopirni stroj

software

Programska oprema

telefone

Telefon

tomada

Vtičnica

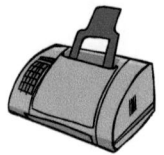

fax

Telefaks

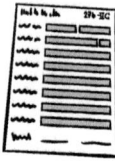

formulário

Obrazec

documento

Dokument

comprar

Kupiti

pagar

Plačati

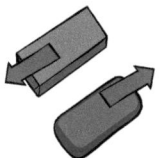

negociar

Trgovati

dinheiro

Denar

 USD

Dólar

Dolar

 EUR

Euro

Evro

 JPY

Yen

Jen

 RUB

rublo

Rubelj

 CHF

franco suíço

Švičarski frank

 CNY

renminbi yuan

Kitajski juan renminbi

 INR

rupia

Rupija

caixa eletrônico

Bankomat

casa de câmbio
Menjalnica

ouro
Zlato

prata
Srebro

petróleo
Nafta

energia
Energija

preço
Cena

contrato
Pogodba

imposto
Davek

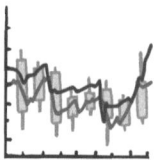

ação
Delnice

trabalhar
Delati

empregado
Delojemalec

empregador
Delodajalec

fábrica
Tovarna

loja
Trgovina

economia - Gospodarstvo

profissões
Poklici

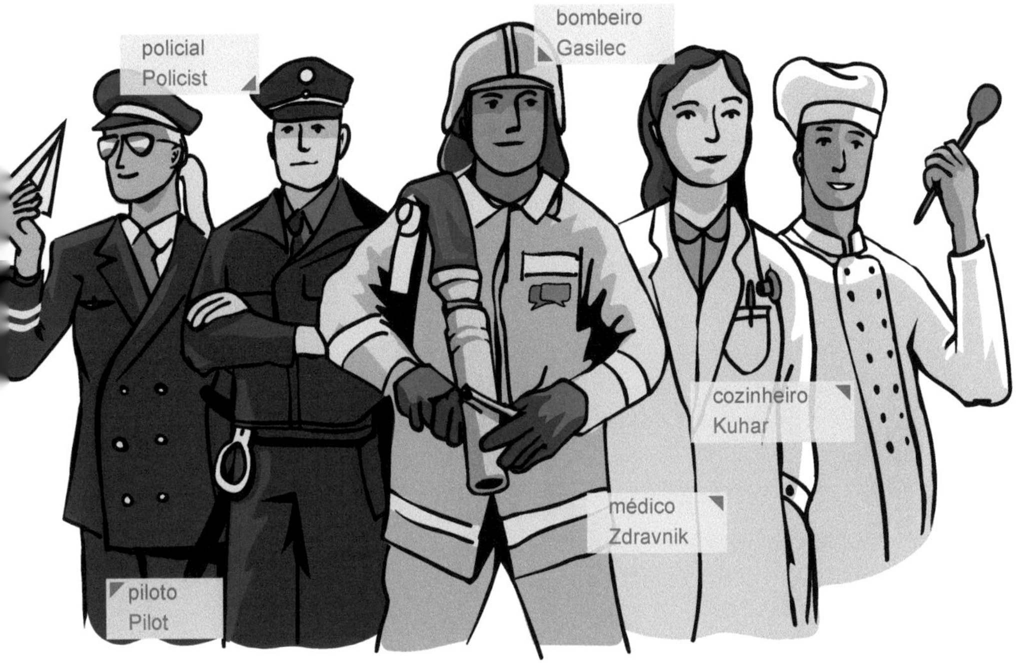
policial
Policist
bombeiro
Gasilec
cozinheiro
Kuhar
médico
Zdravnik
piloto
Pilot

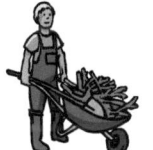

jardineiro

Vrtnar

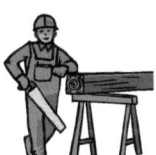

marceneiro

Mizar

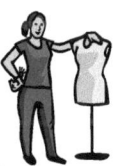

costureira

Šivilja

juiz

Sodnik

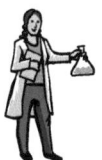

químico

Kemik

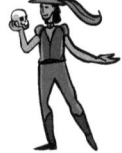

ator

Igralec

motorista de ônibus

Voznik avtobusa

motorista de táxi

Taksist

pescador

Ribič

faxineira

Čistilka

telhador

Krovec

garçom

Natakar

caçador

Lovec

pintor

Pleskar

padeiro

Pek

eletricista

Električar

construtor

Gradbenik

engenheiro

Inženir

açougueiro

Mesar

encanador

Vodovodni inštalater

carteiro

Poštar

soldado	arquiteto	caixa
Vojak	Arhitekt	Blagajnik

florista	cabelereiro	condutor
Cvetličar	Frizer	Sprevodnik

mecânico	capitão	dentista
Mehanik	Kapitan	Zobozdravnik

cientista	rabino	imam
Znanstvenik	Rabin	Imam

monge	pastor	
Menih	Duhovnik	

ferramentas

Orodje

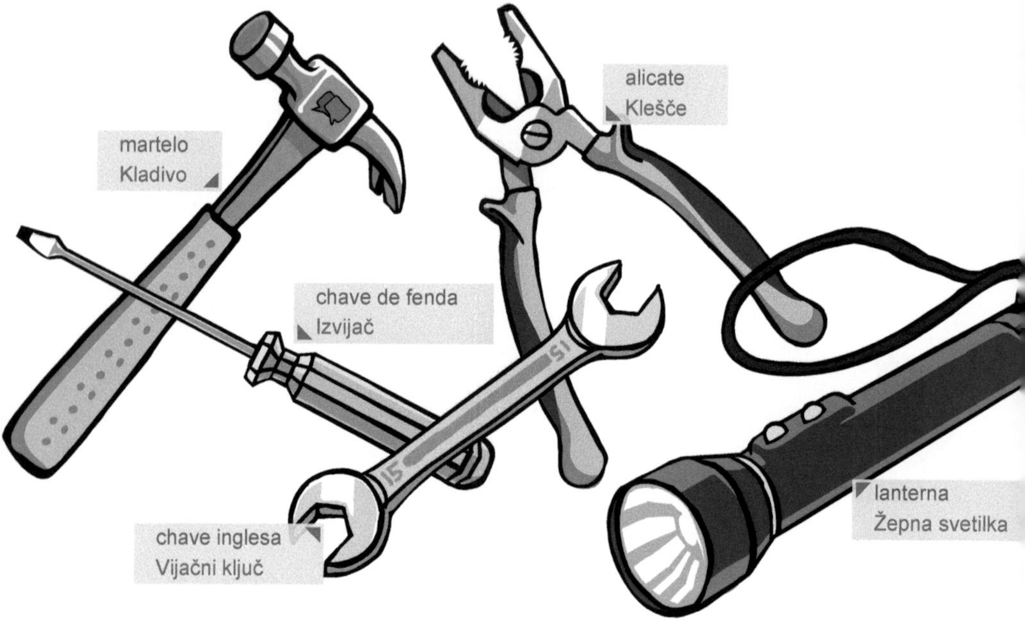

martelo
Kladivo
alicate
Klešče
chave de fenda
Izvijač
lanterna
Žepna svetilka
chave inglesa
Vijačni ključ

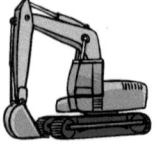

escavadora

Bager

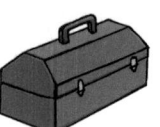

caixa de ferramentas

Zaboj z orodjem

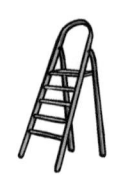

escada de mão

Lestev

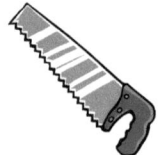

serra

Žaga

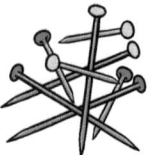

pregos

Žeblji

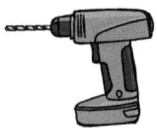

furadeira

Vrtalnik

consertar
....
Popraviti

pá
....
Lopata

Droga!
....
Šment!

pá de lixo
....
Smetišnica

pote de tinta
....
Posoda z barvo

parafusos
....
Vijaki

instrumentos musicais
Glasbeni instrument

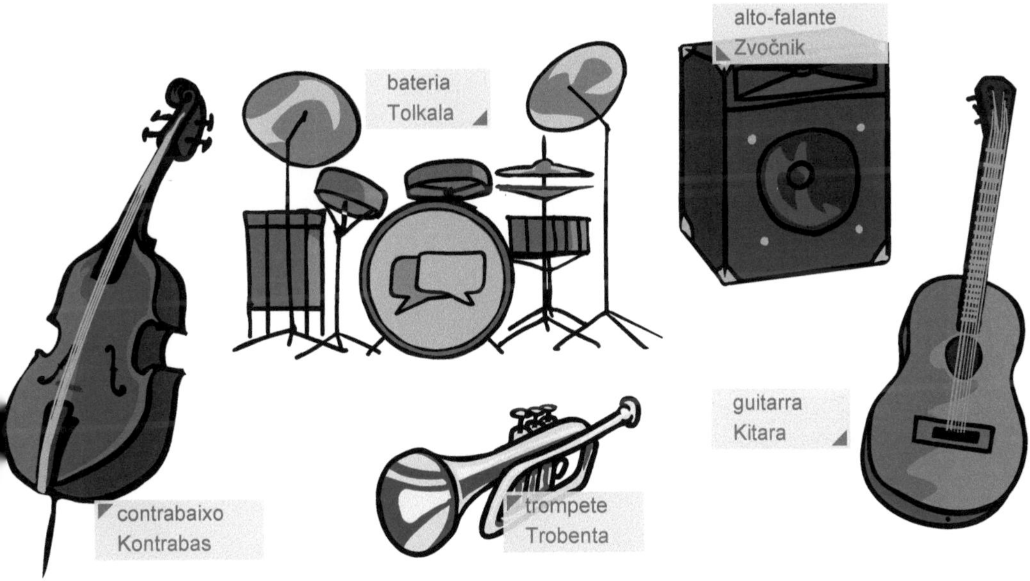

alto-falante
Zvočnik

bateria
Tolkala

guitarra
Kitara

contrabaixo
Kontrabas

trompete
Trobenta

piano

Klavir

violino

Violina

baixo

Bas kitara

timbales

Pavke

tambor

Bobni

teclado

Sintetizator

saxofone

Saksofon

flauta

Flavta

microfone

Mikrofon

entrada
Vhod

tigre
Tiger

gaiola
Kletka

zebra
Zebra

ração animal
Krma za živali

panda
Panda

animais

Živali

elefante

Slon

canguru

Kenguru

rinoceronte

Nosorog

gorila

Gorila

urso

Medved

camelo

Kamela

avestruz

Noj

leão

Lev

macaco

Opica

flamingo

Plamenec

papagaio

Papagaj

urso polar

Severni medved

pinguim

Pingvin

tubarão

Morski pes

pavão

Pav

cobra

Kača

crocodilo

Krokodil

guarda do zoológico

Oskrbnik v živalskem vrtu

foca

Tjulenj

jaguar

Jaguar

pônei

Poni

leopardo

Leopard

hipopótamo

Povodni konj

girafa

Žirafa

águia

Orel

javali

Divji prašič

peixe

Riba

tartaruga

Želva

morsa

Mrož

raposa

Lisica

gazela

Gazela

futebol americano
Ameriški nogomet

ciclismo
Kolesarjenje

tênis
Tenis

basquete
Košarka

natação
Plavanje

boxe
Boks

hóquei no gelo
Hokej

futebol
Nogomet

badminton
Badminton

atletismo
Atletika

handebol
Rokomet

esqui
Smučanje

polo
Polo

atividades
Dejavnosti

rir
Smejati se
pular
Skočiti
abraçar
Objeti
andar
Hoditi
cantar
Peti
sonhar
Sanjati
rezar
Moliti
beijar
Poljubiti

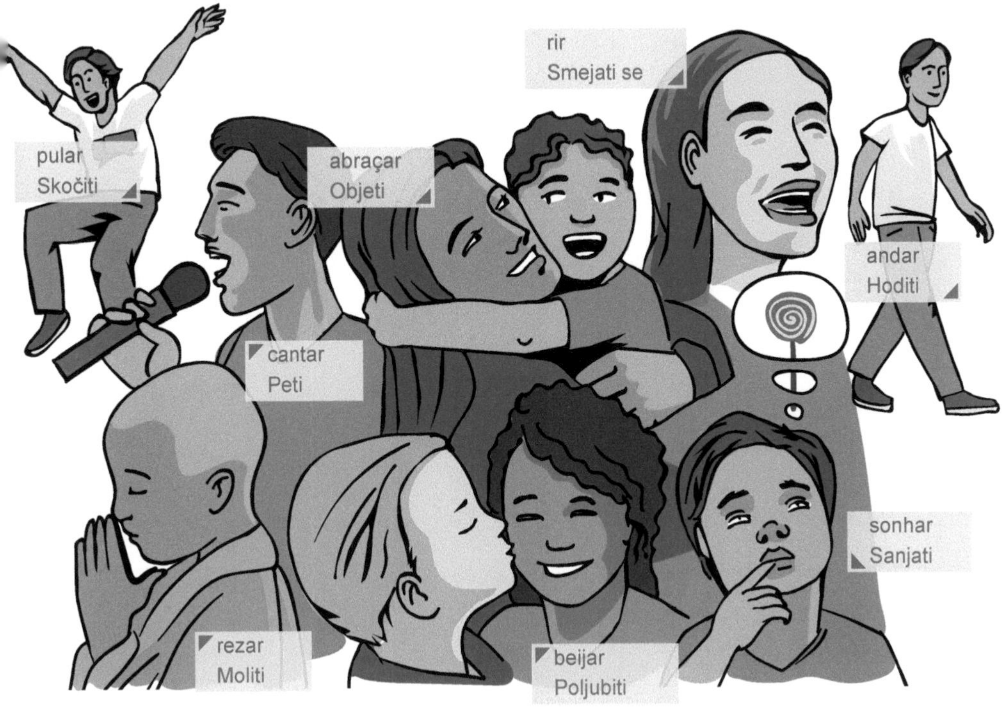

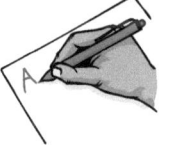

escrever
Pisati

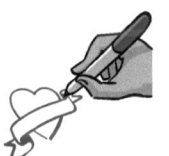

desenhar
Risati

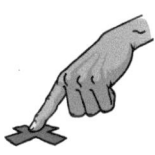

mostrar
Pokazati

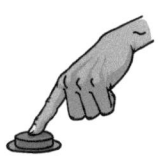

empurrar
Potisniti

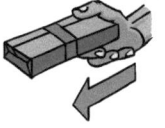

dar
Dati

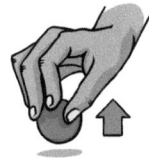

tomar
Vzeti

ter
Imeti

fazer
Narediti

ser
Biti

ficar de pé
Stati

correr
Teči

puxar
Vleči

jogar
Vreči

cair
Pasti

deitar
Ležati

esperar
Čakati

carregar
Nositi

sentar
Sedeti

vestir
Obleči se

dormir
Spati

despertar
Zbuditi se

atividades - Dejavnosti

olhar para

Gledati

chorar

Jokati

acariciar

Božati

pentear

Česati se

falar

Govoriti

entender

Razumeti

perguntar

Vprašati

ouvir

Poslušati

beber

Piti

comer

Jesti

arrumar

Pospraviti

amar

Ljubiti

cozinhar

Kuhati

dirigir

Voziti

voar

Leteti

velejar

Jadrati

calcular

Računanje

ler

Brati

aprender

Učiti se

trabalhar

Delati

casar

Poročiti se

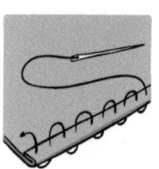

costurar

Šivati

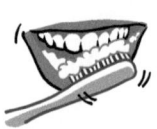

escovar os dentes

Ščetkati si zobe

matar

Ubiti

fumar

Kaditi

enviar

Poslati

avó
Stara mati

avô
Stari oče

pai
Oče

mãe
Mati

bebê
Dojenček

filha
Hči

filho
Sin

convidado
Gost

tia
Teta

tio
Stric

irmão
Brat

irmã
Sestra

corpo

Telo

testa
Čelo
olho
Oko
ombro
Rama
dedo
Prst
rosto
Obraz
queixo
Brada
mão
Dlan
perna
Noga
peito
Prsi
braço
Roka

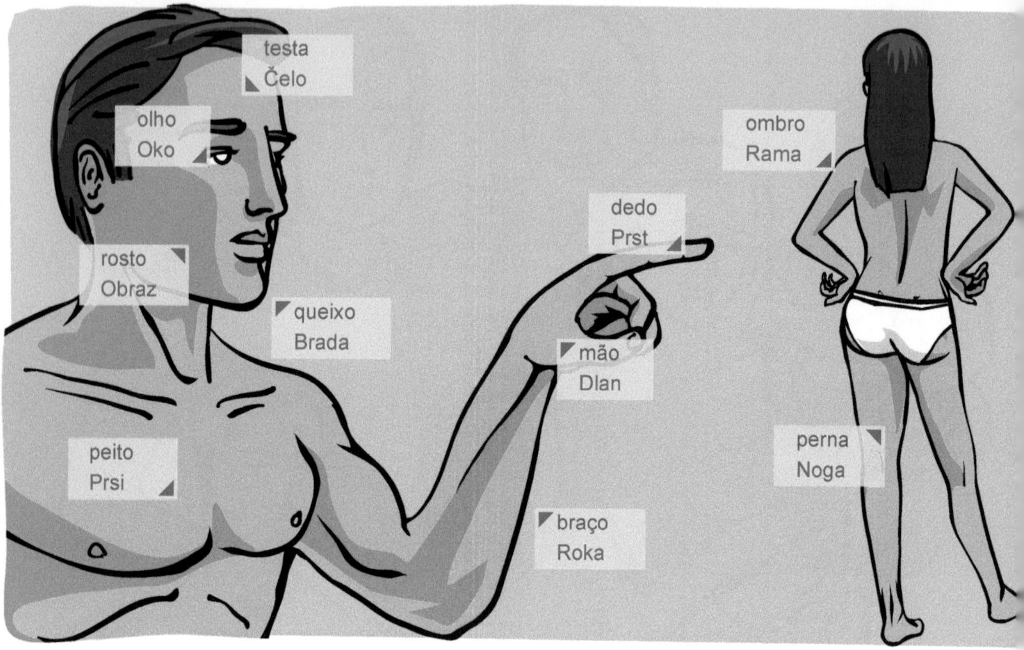

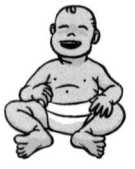

bebê

Dojenček

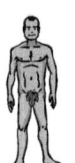

homem

Človek

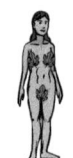

mulher

Ženska

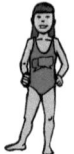

menina

Dekle

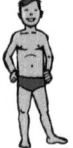

menino

Fant

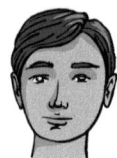

cabeça

Glava

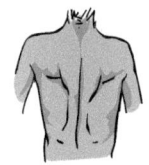

costas
Hrbet

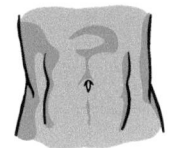

barriga
Trebuh

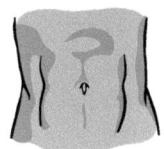

umbigo
Popek

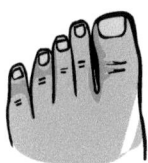

dedo do pé
Prst na nogi

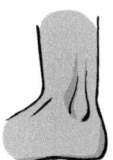

calcanhar
Peta

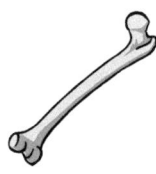

osso
Kost

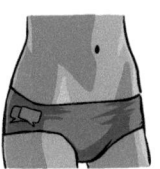

anca
Kolk

joelho
Koleno

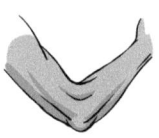

cotovelo
Komolec

nariz
Nos

nádegas
Zadnjica

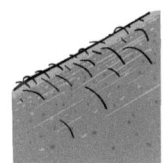

pele
Koža

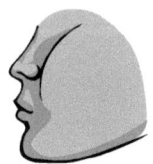

bochecha
Lice

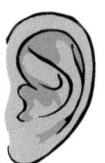

orelha
Uho

lábio
Ustnica

corpo - Telo

boca
Usta

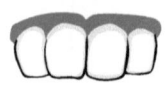

dente
Zob

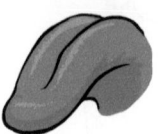

língua
Jezik

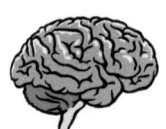

cérebro
Možgani

coração
Srce

músculo
Mišica

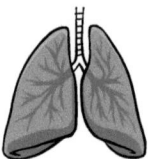

pulmão
Pljuča

fígado
Jetra

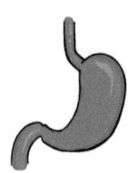

estômago
Želodec

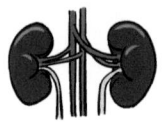

rins
Ledvice

relações sexuais
Spolni odnos

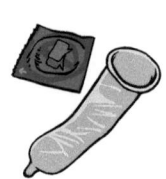

preservativo
Kondom

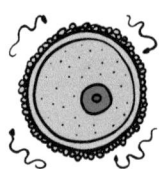

óvulo
Jajčece

esperma
Semenska tekočina

gravidez
Nosečnost

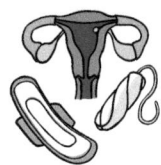

menstruação

Menstruacija

vagina

Vagina

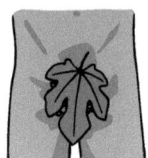

pênis

Penis

sobrancelha

Obrv

cabelo

Lasje

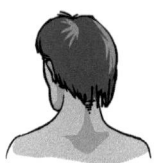

pescoço

Vrat

hospital
Bolnišnica

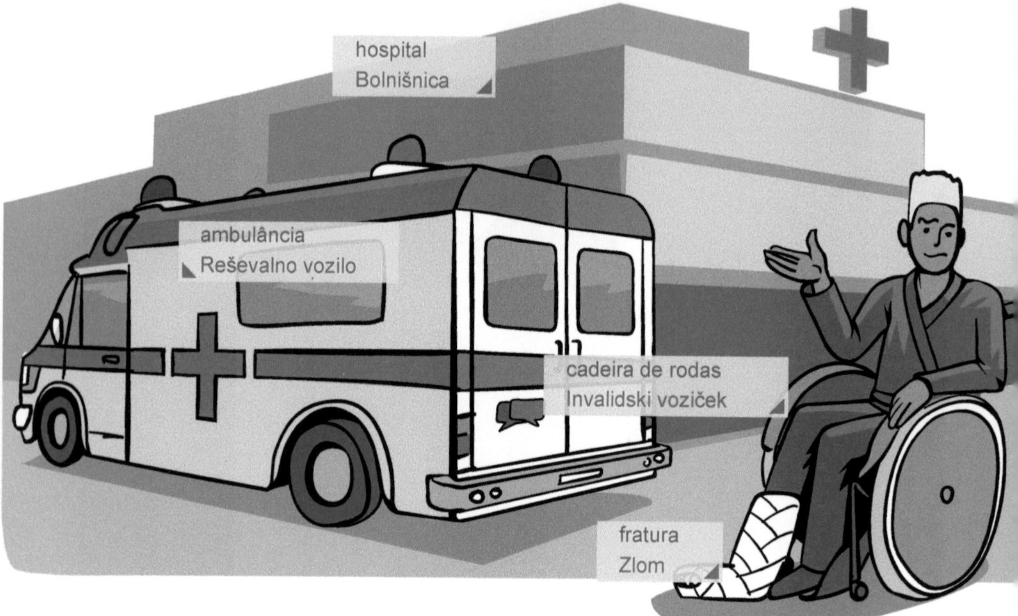

hospital
Bolnišnica
ambulância
Reševalno vozilo
cadeira de rodas
Invalidski voziček
fratura
Zlom

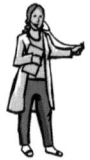

médico

Zdravnik

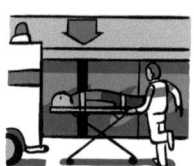

pronto-socorro

Urgenca

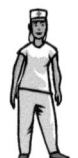

enfermeira

Medicinska sestra

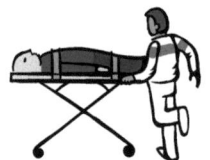

emergência

Nujni primer

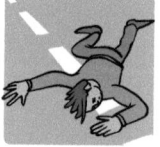

inconsciente

Nezavesten

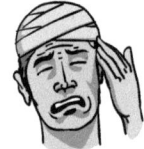

dor

Bolečina

ferimento

Poškodba

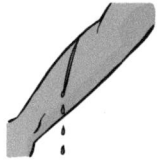

hemorragia

Krvavenje

ataque cardíaco

Srčni infarkt

acidente vacular cerebral

Kap

alergia

Alergija

tosse

Kašelj

febre

Vročina

gripe

Gripa

diarreia

Driska

dor de cabeça

Glavobol

câncer

Rak

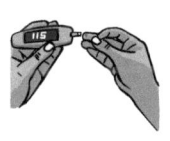

diabetes

Sladkorna bolezen

cirurgião

Kirurg

bisturi

Skalpel

operação

Operacija

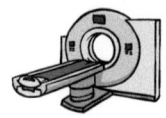

CT
CT

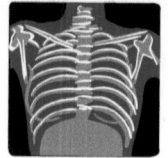

raio x
Rentgen

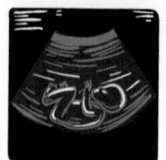

ultrassom
Ultrazvok

máscara
Obrazna maska

doença
Bolezen

sala de espera
Čakalnica

muleta
Bergla

bandeide
Obliž

ligadura
Preveza

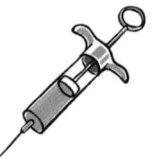

injeção
Injekcija

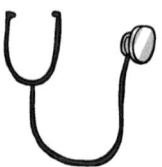

estetoscópio
Stetoskop

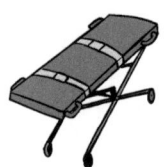

maca
Nosila

termômetro
Klinični termometer

nascimento
Porod

excesso de peso
Prekomerna teža

aparelho auditivo

Slušni pripomoček

desinfetante

Razkužilo

infecção

Okužba

vírus

Virus

HIV / AIDS

HIV / AIDS

medicamento

Medicina

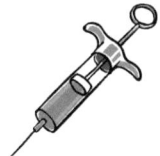

vacinação

Cepljenje

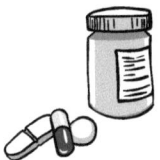

comprimidos

Tablete

pílula

Tableta

chamada de emergência

Klic v sili

dispositivo de medição de
pressão arterial

Merilnik krvnega tlaka

doente / saudável

bolano / zdravo

Socorro!

Na pomoč!

alarme

Alarm

assalto

Napad

ataque

Napad

perigo

Nevarnost

saída de emergência

Izhod v sili

Fogo!

Gori!

extintor de incêndios

Gasilni aparat

acidente

Nezgoda

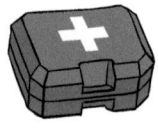

maleta de primeiros
socorros

Komplet za prvo pomoč

SOS

SOS

polícia

Policija

Europa

Evropa

América do Norte

Severna Amerika

América do Sul

Južna Amerika

África

Afrika

Ásia

Azija

Austrália

Avstralija

Atlântico

Atlantski ocean

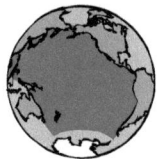

Pacífico

Tihi ocean

Oceano Índico

Indijski ocean

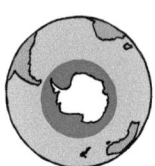

Oceano Antártico

Južni ocean

Oceano Ártico

Arktični ocean

Polo Norte

Severni tečaj

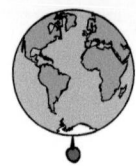

Polo Sul

Južni tečaj

Antártica

Antarktika

Terra

Zemlja

terra

Kopno

mar

Morje

ilha

Otok

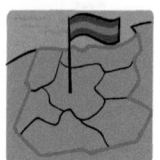

nação

Narod

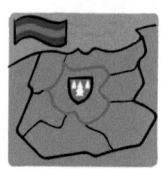

estado

Država

mostrador do relógio
Številčnica

ponteiro das horas
Urni kazalec

ponteiro dos minutos
Minutni kazalec

ponteiro dos segundos
Sekundni kazalec

Que horas são?
Koliko je ura?

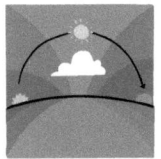

dia
Dan

tempo
Čas

agora
Zdaj

relógio digital
Digitalna ura

minuto
Minuta

hora
Ura

semana
Teden

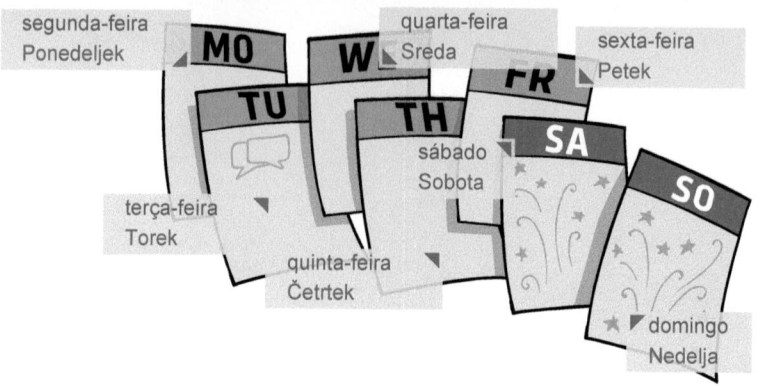

segunda-feira
Ponedeljek

MO

W
quarta-feira
Sreda

TU

TH

FR
sexta-feira
Petek

SA

terça-feira
Torek

sábado
Sobota

quinta-feira
Četrtek

SO

domingo
Nedelja

ontem

Včeraj

hoje

Danes

amanhã

Jutri

manhã

Jutro

meio-dia

Poldne

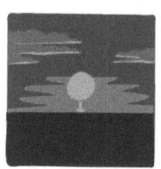

entardecer

Večer

MO	TU	WE	TH	FR	SA	SU
1	2	3	4	5	6	7
8	9	10	11	12	13	14
15	16	17	18	19	20	21
22	23	24	25	26	27	28
29	30	31	1	2	3	4

dias úteis

Delovni dnevi

MO	TU	WE	TH	FR	SA	SU
1	2	3	4	5	6	7
8	9	10	11	12	13	14
15	16	17	18	19	20	21
22	23	24	25	26	27	28
29	30	31	1	2	3	4

fim de semana

Konec tedna

ano

Leto

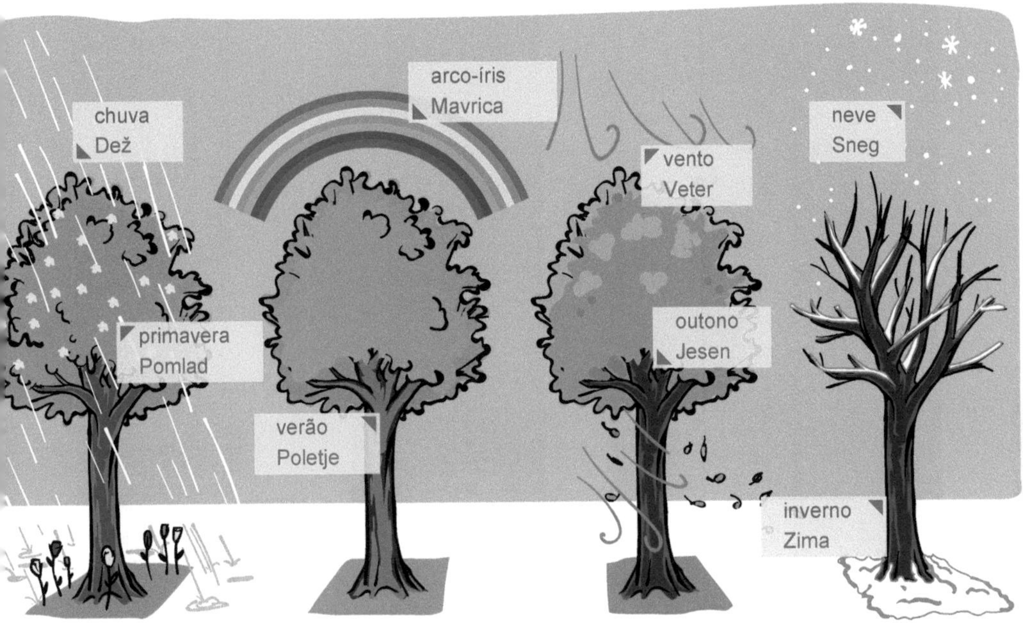
chuva
Dež
arco-íris
Mavrica
vento
Veter
neve
Sneg
primavera
Pomlad
outono
Jesen
verão
Poletje
inverno
Zima

4.APRIL 11°
5.APRIL 4°
6.APRIL 13°
7.APRIL 8°
8.APRIL 10°

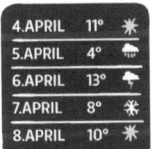

previsão do tempo

Vremenska napoved

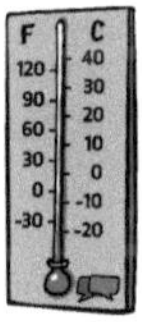
F C
120 40
90 30
60 20
30 10
0 0
-30 -10
-20

termômetro

Termometer

raio de sol

Sončna svetloba

nuvem

Oblak

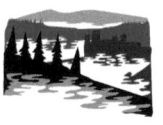

neblina / nevoeiro

Megla

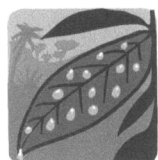

umidade do ar

Vlažnost

relâmpago

Strela

trovão

Grom

tempestade

Nevihta

granizo

Toča

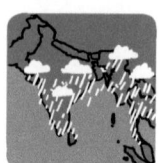

monção

Monsun

inundação

Poplava

gelo

Led

janeiro

Januar

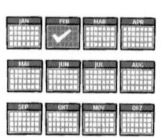

fevereiro

Februar

março

Marec

abril

April

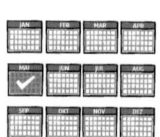

maio

Maj

junho

Junij

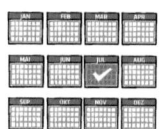

julho

Julij

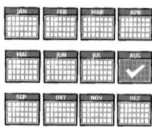

agosto

Avgust

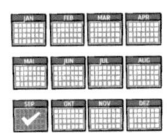

setembro
....
September

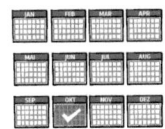

outubro
....
Oktober

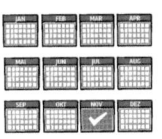

novembro
....
November

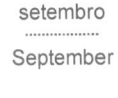

dezembro
....
December

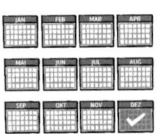

---

formas
Oblike

círculo
....
Krogla

quadrado
....
Kvadrat

retângulo
....
Pravokotnik

triângulo
....
Trikotnik

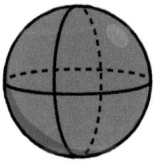

esfera
....
Krogla

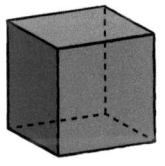

cubo
....
Kocka

branco
....
Bela

amarelo
....
Rumena

laranja
....
Oranžna

rosa
....
Rožnata

vermelho
....
Rdeča

lilás
....
Vijolična

azul
....
Modra

verde
....
Zelena

marrom
....
Rjava

cinza
....
Siva

preto
....
Črna

muito / pouco

veliko / malo

furioso / tranquilo

jezno / umirjeno

lindo / feio

lepo / grdo

começo / fim

začetek / konec

grande / pequeno

veliko / majhno

claro / escuro

svetlo / temno

irmão / irmã

brat / sestra

limpo / sujo

čisto / umazano

completo / incompleto

popolno / nepopolno

dia / noite

dan / noč

morto / vivo

mrtvo / živo

largo / estreito

široko / ozko

comestível / não comestível

užitno / neužitno

mau / gentil

zlobno / prijazno

entusiasmado / entediado

vznemirjeno / zdolgočaseno

gordo / magro

debelo / vitko

primeiro / último

prvo / zadnje

amigo / inimigo

prijatelj / sovražnik

cheio / vazio

polno / prazno

duro / macio

trdo / mehko

pesado / leve

težko / lahko

fome / sede

lakota / žeja

doente / saudável

bolano / zdravo

ilegal / legal

nezakonito / zakonito

inteligente / idiota

pametno / neumno

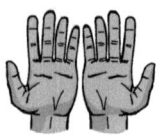

esquerda / direita

levo / desno

perto / longe

blizu / daleč

novo / usado
novo / rabljeno

nada / alguma coisa
nič / nekaj

velho / jovem
staro / mlado

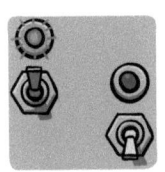

ligado / desligado
vklopljeno / izklopljeno

aberto / fechado
odprto / zaprto

baixo / alto
tiho / glasno

rico / pobre
bogato / revno

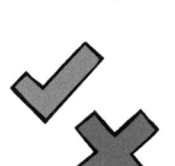

certo / errado
prav / narobe

áspero / liso
grobo / gladko

triste / feliz
žalostno / veselo

curto / longo
kratko / dolgo

lento / rápido
počasi / hitro

molhado / seco
mokro / suho

ameno / fresco
toplo / hladno

guerra / paz
vojna / mir

Števila

0	**1**	**2**
zero	um	dois
Ničla	Ena	Dva
3	**4**	**5**
três	quatro	cinco
Tri	Štiri	Pet
6	**7**	**8**
seis	sete	oito
Šest	Sedem	Osem
9	**10**	**11**
nove	dez	onze
Devet	Deset	Enajst

12
doze
Dvanajst

13
treze
Trinajst

14
quatorze
Štirinajst

15
quinze
Petnajst

16
dezesseis
Šestnajst

17
dezessete
Sedemnajst

18
dezoito
Osemnajst

19
dezenove
Devetnajst

20
vinte
Dvajset

100
cem
Sto

1.000
mil
Tisoč

1.000.000
milhão
Milijon

inglês

Angleščina

inglês americano

Ameriška angleščina

chinês mandarim

Mandarinščina

hindi

Hindujščina

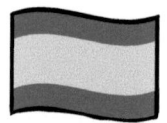

espanhol

Španščina

francês

Francoščina

árabe

Arabščina

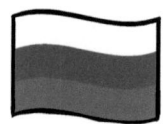

russo

Ruščina

português

Portugalščina

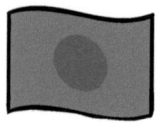

bengalês

Bengalščina

alemão

Nemščina

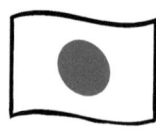

japonês

Japonščina

eu

Jaz

você

Ti

ele / ela

On / ona / tisto

nós

Mi

vocês

Vi

eles / elas

Oni

quem?

Kdo?

O quê?

Kaj?

como?

Kako?

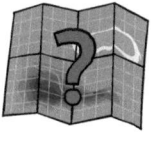

onde?

Kje?

Quando?

Kdaj?

nome

Ime

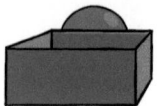

atrás

Zadaj

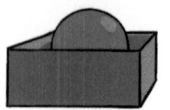

em

V

na frente de

Pred

sobre

Nad

em cima

Na

debaixo

Pod

do lado

Poleg

entre

Med

lugar

Kraj